Dieses Buch gehört:

Werner Küstenmacher's

ACH DU LIEBER HIMMEL

Spritzige Bilderbögen über Gott und die Welt
mit einem Vorwort von Pfarrer Johannes Kuhn
verlegt bei Claudius in München

für Marion

Die Deutsche Bibliothek – CIP-Einheitsaufnahme

Küstenmacher, Werner:
[Himmlische Bilderbögen]
Der himmlischen Bilderbögen . . . Teil/
[Werner Küstenmacher]. – München: Claudius.
Teilw. u. d. T.: Küstenmacher, Werner: Ach, du lieber Himmel
No. 4 u. d. T.: Küstenmacher, Werner: Himmlisch-weltliche Bilderbögen
NE: Küstenmacher, Werner: Ach, du lieber Himmel; AST
2. Spritzige Bilderbögen über Gott und die Welt – 10. Aufl. – 1991
ISBN 3-532-62016-2

10. Auflage 1991

8000 München 19, Birkerstraße 22

Druck: gwd Hans Venus GmbH, München

ISBN 3-532-62016-2

VORWORT

»Ach du lieber Himmel«, so mag mancher ausrufen, wenn er sich die neuen spritzigen Karikaturen von Werner Küstenmacher zu Gemüte führt. Denn vom Himmel ist viel die Rede. Oder sollen wir besser sagen: Vom Versuch, den Himmel auf die Erde zu bringen. Nun ist dies ja geradezu das Wesen des Evangeliums, etwas von der Weite, der Ähnlichkeit und der Farbigkeit des Himmels auf die Erde zu bringen, in manche Düsternis und Resignation. Wir leben von dieser freundlichen Zuwendung Gottes. Daß es mit dem Himmel auf Erden freilich oft nicht so weit her ist, hängt nicht zuletzt mit den Menschen zusammen, die solche Entwicklungen eher bremsen als fördern. Gerade dort, wo es eigentlich klare Einsichten über den Himmel geben müßte, da »menschelt« es ganz schön. So daß manche Zeitgenossen im Umgang mit dem Bodenpersonal Gottes aufstöhnen: »Ach du lieber Himmel!«

Werner Küstenmacher will uns dazu bringen, über uns selbst, über unsere Sonderbarkeiten zu lächeln, statt daß wir uns an ihnen reiben. Er hat das so pfiffig gemacht, daß wir gar nicht dazu kommen, über andere Menschen zu lächeln, sondern mit ihnen zusammen zu schmunzeln. Denn im Grunde sind wir ja heimliche Leidensgefährten in der Schwäche und in der Sonderbarkeit, wer immer wir sind und welcher Konfession wir immer sind. Man weiß doch von sich selber, wo einen der Schuh drückt. Man kann darum manches Mal verstehen, wo er den anderen auch drückt. Aber, indem man das weiß, indem man sich freundlich darein schickt, verpufft man sich nicht in Ärger und Verachtung, auch nicht in Selbstvorwürfen. Sondern denkt daran: Ja, so ist es. Und weil es so ist, müssen wir zusammenhalten und untereinander ein wenig gut sein und uns wohltun.

Humor will nicht selber glänzen und auch den Menschen nicht glänzend darstellen, der diesen Humor hat. Werner Küstenmacher ist mit seinen Figuren da ein gutes Beispiel. Er will dem Leben mit seinen oft schiefen, manchmal mißverständlichen Situationen ein freundliches Glänzen entlocken. Wenn man sich selber als Zielscheibe nimmt, kann man sicher sein, daß die anderen das auch verstehen werden. Denn gerade wenn man über sich selbst lachen kann, beweist man eigentlich ein bißchen Güte und Gerechtigkeit. Man hat damit das Augenmaß für die richtigen Proportionen wiederbekommen. Etwa nach der Weise: »Wer sich nicht selbst zum besten haben kann, der ist bestimmt nicht von den Besten.«

Ich denke an Martin Luther. Er konnte Theologeneitelkeit in eindrucksvolle Bilder fassen:

»Fühlest du dich aber und lässest dich dünken, du habest es gewiß und kitzelst dich mit deinem eigenen Büchlein, deinem Lehren oder deinem Schreiben, als habest du es sehr köstlich gemacht und trefflich gepredigt. Gefällt dir auch sehr, daß man dich vor anderen lobe. Wenn du von dieser Art bist – Lieber – so greif dir selber an deine Ohren. Und greifst du recht, so wirst du finden ein paar schöner, großer, langer, grauer Eselsohren.
So wage vollends die Kosten drein und schmücke sie mit güld'nen Schellen.
Auf daß, wo du gehst, man dich hören kann, mit Fingern auf dich weisen und sagen: Seht, seht, da geht das feine Tier, das so köstliche Bücher schreiben und trefflich wohl predigen kann.«

Luthers Zeit hat deftige Karikaturen gekannt. Und wenn man sie jetzt manches Mal rund 500 Jahre später anschaut, da geht's einem auch leicht über die Lippen: »Ach du lieber Himmel!« Nicht umsonst stammt auch von ihm der Satz:
»Fröhlichkeit ist Gottes Haushälterin, die Melancholie ist des Teufels Säugamme.«

Freilich, Karikaturen haben auch immer eine Spitze. Und die Spitze zeigt auf die kleinen Fehler und Mängel unseres Zusammenlebens. Vielleicht ist es auch mehr eine kleine Spritze, durch die ein Tropfen »himmlischen Öls« hineingeträufelt wird, wo es Reibungen gibt in den Beziehungen zueinander.

Humor heißt »etwas Feuchtes«. Etwas, was dorthin gehört, wo Beziehungen unter Menschen eingetrocknet sind oder festzufahren drohen. Sicher, er ist dabei ziemlich angriffslustig. Klirrende Ketten der Konvention werden zerrissen, es wird in Weihrauchschalen gepustet und der Gips der großen Büsten wird zerschlagen. Wie ein frischer Wind weht er durch Konferenzräume, wo an grünen Tischen pathetisch Großes ausgedacht wird und bläst die Papiere zu Boden. Aber nicht, um zu zerstören, sondern um an das Leben zu erinnern, das vor lauter Systemen und Programmen manchmal verkommt.

So verstehe ich die großnasigen Typen Werner Küstenmachers, daß sie helfen wollen, gegen das Leben im Konformismus wieder ein Stück Menschsein zu entdecken. Und darüber zum Lächeln zu verleiten. Manchmal auch zu jenem Lachen, das »die letzte Waffe der Hoffnung« ist.
Das Lachen, zu dem uns der Verfasser verhelfen will, ist nicht gallig, nicht ironisch, auch nicht obszön und ordinär. Es ist liebenswürdig, befreiend, bejahend – heimlich mit dem Besten in uns im Bunde.

Es ist sicher kein Lehrbuch. Und irgendwelche pädagogischen Ziele liegen Werner Küstenmacher fern. Aber wenn wir dabei zu der Erkenntnis kämen, daß wir vieles viel zu ernst nehmen – wo wir doch allen Grund hätten zu gelöster Heiterkeit, die zu unterscheiden weiß zwischen den letzten und den vorletzten Dingen – dann hätten die »spritzigen Bilderbögen über Gott und die Welt« uns zu Perspektiven verholfen, die ein großer Pädagoge der Vergangenheit beschrieben hat mit den Worten ***»Heiterkeit ist ein Himmel, unter dem alles gedeiht, das Böse ausgenommen«.***

Jedenfalls gut, daß wir solche Leute haben wie Werner Küstenmacher, begnadet mit der Gottesgabe der Phantasie, die Lebendigkeit des Geistes ist, Mut zur Entfaltung und Wagnis des Selbständigen, in der damit etwas verwirklicht wird von dem bedenkenswerten Wort:
»Du stellst meine Füße auf weiten Raum.«

Johannes Kuhn

INHALT

nach Stichworten in alphabetischer Reihenfolge:

zum Thema . . .	finden Sie den Bilderbogen namens . . .	auf den Seiten . . .
Abendmahl	Eucharistomat	24
Altwerden	Alterserscheinungen	60 und 61
Arbeitsplatz Kirche	Im Dienst des Höchsten	40 und 41
Arbeitslosigkeit	ohne Worte	19
Bekennen	Sei ein Christ und zeige es	56 und 57
Bibel	Ich lese die Bibel, weil . . .	52 und 53
Computer	Bruder Computer	46 und 47
Dritte Welt	Kulturexport	32 und 33
Dritte Welt	»Ach was, Sie dramatisieren . . .«	58
Entwicklungsdienst	Brüderlich geteilt	34 und 35
Erntedank	». . . und feiern daher heuer . . .«	18
Erwachsenenbildung	Erwachsen und doch ungebildet	38 und 39
Freiheit	»Ein Christenmensch ist . . .«	43
Gebet	». . . und bitte hilf, daß sich Papa . . .«	24
Geld	Sobald das Geld im Kasten klingt . . .	50 und 51
Gemeindebrief	Zeig mir deinen Gemeindebrief . . .	26 und 27
Himmelfahrt	»Müssen Sie ausgerechnet . . .«	18
Kinder	Kirche mit Kind und Kegel	16 und 17
Kirchenaustritt	Ich bin aus der Kirche ausgetreten, weil . . .	22 und 23
Kirchenbau	». . . und alles begann mit einem Senfkorn«	42
Kirchenleitung	ohne Worte	48
Kirchenvorstand	Geteilte Leitung – halbe Leitung	44 und 45
Markt der Möglichkeiten	ohne weitere Worte	54
Mission	Missions-Zerrbilder	28 und 29
Neue Lieder	Hört, es singt und swingt mit Schalle	20 und 21
Neue Medien	Alte Kirche – Neue Medien	14 und 15
Ökumene	Neues von den Ökumännern	12 und 13
Orientierung	ohne Worte	59
Pfarrer	dreimal zu diesem Thema	36 und 48
Predigt	Worüber predigen?	37 und 49
Rüstung	»Wenn Adam solch Instrumente erlebt hätte . . .«	25
Telefonseelsorge	»Sie arbeitet bei der Telefonseelsorge«	42
Übersicht	Karte von Klerikalien	30 und 31
Urlaub	Den Gläubigen auf den Fersen	8 und 9
Vielfalt	ohne Worte	55
Weihnachten	Hört, es singt und swingt mit Schalle	20 und 21
Werbung	Wirb oder stirb	10 und 11

Die Hoffnung liegt für die Kirche im Grünen:
Wenn die Menschen sonntags hinausfahren,
bleibt die Kirche

DEN GLÄUBIGEN AUF DEN FERSEN

Wenn die meisten Menschen sonntags nicht mehr in die Kirche kommen …

… muß die Kirche eben zu den Menschen.

Speziell ausgebildete Gruppen nähern sich den Campingfreunden …

… die Bibel in jedem Hotelzimmer ist mittlerweile selbstverständlich …

… und sogar auf Kreuzfahrten begleitet ein Abgesandter der Kirche die Gemeinde.

Aber auch an Bord eines Flugzeugs könnte ein Gottesdienst ein besonderes Erlebnis werden.

Als Endziel wäre die Vollversorgung aller Urlauber denkbar, wenn an den Urlaubsstraßen …

… und den Urlaubszielen das kirchliche Serviceangebot ausgebaut würde.

So liegt die Hoffnung für die Kirche in jeder Beziehung im Grünen …

… schließlich ist die Kirche immer dann voll, wenn sie grün ist.

Und daß die Kirche im Grünen für Pfarrer selbstverständlich ist, wird vor allem in der Großstadt deutlich.

Bei einer bestimmten Art, den Sonntag zu verbringen, helfen all diese Ansätze nichts …

… doch auch hier läßt sich mit etwas Mut eine Lösung finden.

Ob das auch für die Kirche gilt?

Im Gegensatz zu den großzügigen Anfängen . . .

. . . hat Werbung für religiöse Dinge heutzutage bescheidene Ausmaße . . .

. . . oder beschränkt sich auf originelle Einzelaktionen.

Traditionelle kirchliche Werbeformen haben harte weltliche Konkurrenz . . .

. . . daher sind die oft ungeliebten sozialen Dienste für die PR-Arbeit willkommen.

Dabei wäre es so einfach, mit einem attraktiven Programm . . .

. . . menschlicher Wärme und sogenannten vertrauensbildenden Maßnahmen . . .

. . . auch Desinteressierte dezent auf die Sinnfrage ihres Lebens hinzuweisen.

Viele fragen sich allerdings, ob Kirche statt für sich nicht besser für andere werben sollte.

Hauptproblem ist das Image der Kirche: Sie soll zugleich Autorität vermitteln,

. . . Geborgenheit ausstrahlen . . .

. . . dabei stets zeitgemäß sein . . .

. . . all das mit äußerster Sparsamkeit tun . . .

. . . vor allem aber – und das ist der Haken – absolut wahrhaftig sein.

Neues von den Ökumännern

Alte Kirche – neue Medien

Ein Blick in die elektronische Zukunft der Kirche

Kinder, die in einer Medienwelt aufgewachsen sind, . . .

. . . wird man in geeigneter Weise mit den Inhalten des Glaubens vertraut machen.

Im Gottesdienst wird man bewährte Technik nutzen, . . .

. . . dann den Pfarrer entlasten . . .

. . . und im Endausbau die Besucherplätze umrüsten.

Kirchliche Medienangebote können den Gottesdienst auch behindern, . . .

. . . geben aber immer wieder Grund zur Hoffnung.

Sakramente im Fernsehen werden weiterhin umstritten bleiben. . . .

. . . von bestimmten Angeboten via Bildschirmtext ganz abgesehen.

Neben einigen großangelegten Kabelfernseh-Versuchen . . .

. . . haben kostengünstig arbeitende Lokalsender die größten Chancen.

Kurzum: Medien werden einfach dazugehören; sowohl im kirchlichen Alltag . . .

. . . als auch zu besonderen Anlässen.

Eine kindische Materialsammlung

In der religiösen Frühzeit waren Kinder zuweilen von historischer Wichtigkeit.

In unseren Tagen hat man die Bedeutung der religiösen Früherziehung wiederentdeckt . . .

. . . gestaltet den Gottesdienst nach den Bedürfnissen der Kinder . . .

. . . und schafft Anreize, damit die Kleinen ihre Eltern daran erinnern.

Im Familiengottesdienst werden die Jüngsten mit einbezogen, aber auch . . .

. . . parallele Gottesdienste für Eltern und Kinder sind für alle eine fröhliche Sache.

Kinderkirchentage werden mit großem Aufwand vorbereitet . . .

. . . und Kinderbibelwochen immer attraktiver gestaltet.

Endziel: die wirklich kindergerechte Kirche.

Es ist klar, daß Kinder keine Unschuldslämmer sind . . .

. . . und deshalb zum Beispiel Schulgottesdienste eine besondere Herausforderung sind.

Aber Kinder können im Gottesdienst auch eine große Hilfe sein.

Vielen wird erst später im normalen Gottesdienst klar, wie schön die Kinderkirche war.

»Müssen Sie ausgerechnet am Vatertag so laut mit Ihren Glocken bimmeln?«

». . . und feiern daher heuer zum ersten Mal Erntedank in beiderlei Gestalt.«

KRANKENHAUS
L-SCHULE
PFARRAMT
ST. LUKAS
Alten-
kreis
ARBEITS-
LOS
ARBEITS-
LOS
ARBEITS-
LOS
Tiki

Hört, es singt und swingt mit Schalle

Beobachtungen zur Kirchenmusik, unter besonderer Berücksichtigung der Weihnachtszeit und der Veröffentlichung neuer kirchlicher Gesangbücher.

Weihnachten ist seit jeher ein Fest der Hausmusik, . . .

. . . wobei es darauf ankommt, die richtige Stimmung zu erzeugen.

Die Kirchenmusikprofis bemühen sich in dieser Zeit um volksnahe Weisen . . .

. . . und füllen mit konzertanten Ereignissen die Gotteshäuser.

Obwohl die alten Meister viele Freunde haben . . .

. . . wird auch zeitgenössische Musik eingesetzt (hier z. B. bei der mitternächtlichen Christmette).

Bei der Kaufentscheidung über neue Musikinstrumente zum kirchlichen Gebrauch . . .

. . . ruht das Schwergewicht nach wie vor auf der Pfeifenorgel, . . .

. . . die zu einem komplett eingerichteten Kirchenraum einfach dazugehört . . .

. . . und auch in den Herzen der Gemeindeglieder einen festen Platz hat.

Weihnachten bringt neben Neuheiten für Kinder . . .

. . . auch Neuheiten für sangesbegeisterte Gottesmänner . . .

. . . die sich allerhöchster Beliebtheit erfreuen.

KEINE ANZEIGE

ICH BIN AUS DER KIRCHE AUSGETRETEN...

Ergebnisse einer Umfrage

...WEIL ICH MIR LÄNGST MEINEN EIGENEN PFARRER LEISTEN KANN.
...WEIL ICH MIR KEINERLEI LUXUS LEISTE.
...WEIL DIE PFARRER VIEL ZU VIEL ZEIT HABEN.
Pfarrerverein
...WEIL DIE PFARRER VIEL ZU WENIG ZEIT HABEN.
...WEIL DIE KIRCHEN ZU LEER SIND.
...WEIL DIE KIRCHENTAGE ZU VOLL SIND.
WENN ICH RECHT SEHE...
...KANN'S DIE KIRCHE KEINEM RECHT MACHEN...
...UND DESHALB TRETE ICH WIEDER EIN.
Pfarr amt

». . . und bitte hilf, daß sich Papa und Mama endlich mal beten trauen!«

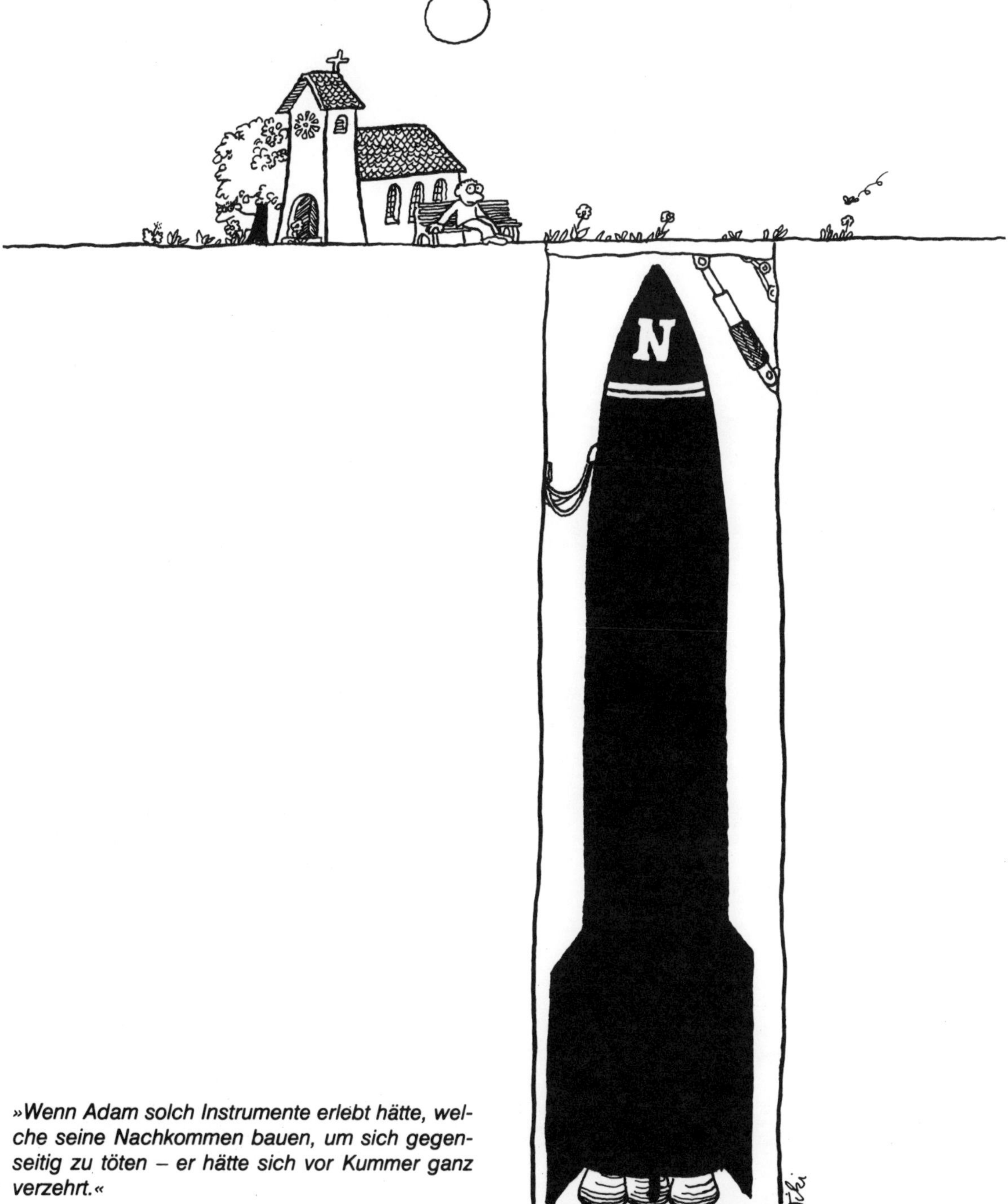

»Wenn Adam solch Instrumente erlebt hätte, welche seine Nachkommen bauen, um sich gegenseitig zu töten – er hätte sich vor Kummer ganz verzehrt.«

Martin Luther

Zeig mir deinen Gemeindebrief...

. . . und ich sage dir, wer du bist (oder zumindest gerne wärst).
Eine Blütenlese kirchlicher Drucksachen und ihrer Urheber

Die Zurüstung
das kleine rote Kirchen-kursbuch
EINTRACHT UND VERSÖHNUNG
Lutherische Kirchen=postille
FIDES QUAE FIDES QUA
IDEAL
DIE IDEE
DIE ALTER-NATIVE

Wer an Mission denkt, hat oft eher

MISSIONS-ZERRBILDER

Hier sind sie aufgezeichnet

Über Mission herrschen oft stark vereinfachte Ansichten.

Natürlich gibt es auf einzelnen Gebieten kleine Pannen . . .

. . . aber dank einer qualifizierten Ausbildung . . .

. . . gibt es interessante missionarische Ansätze . . .

. . . die manchmal zu unverhofften Ergebnissen führen.

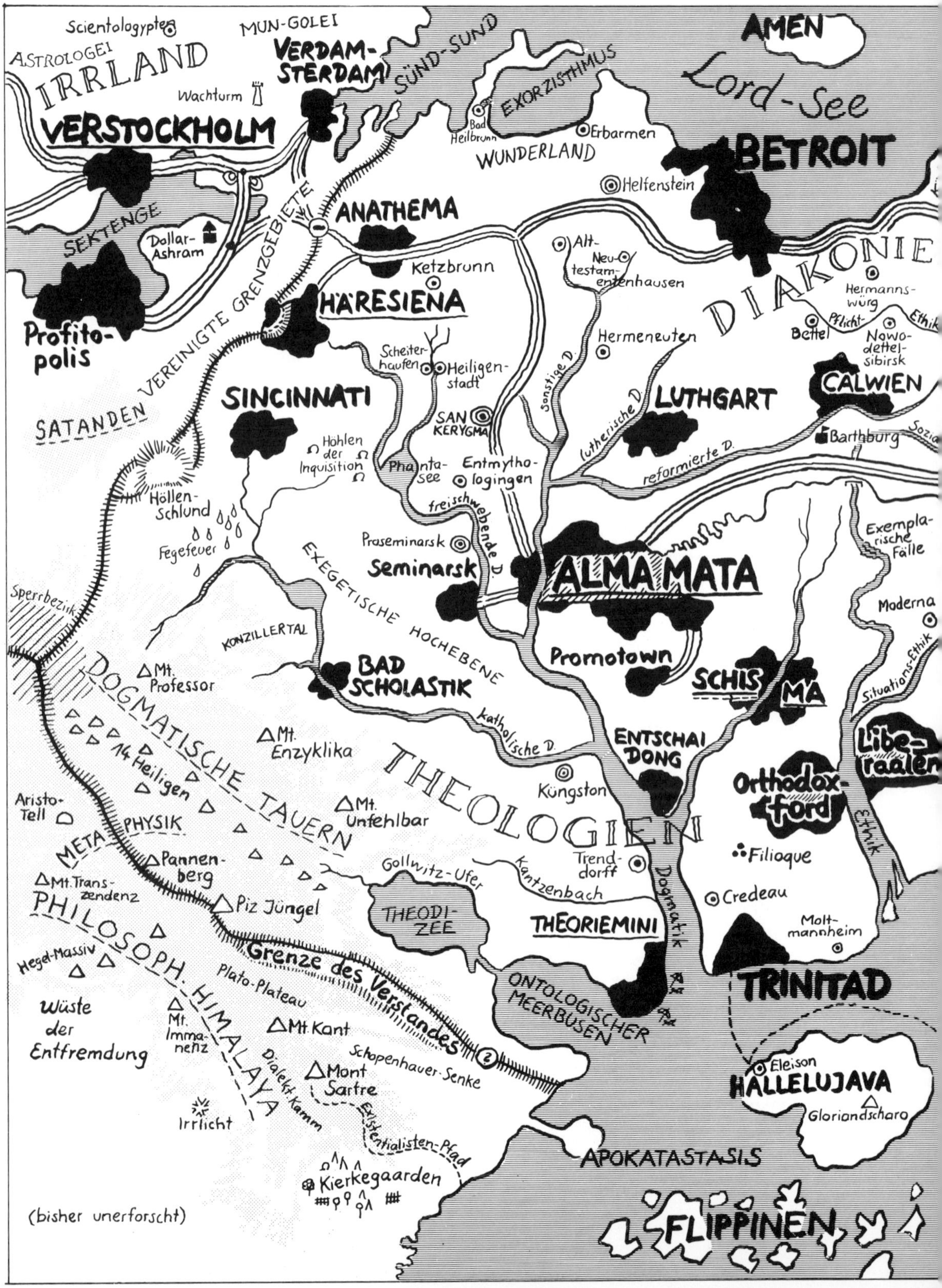
Scientologypten
MUN-GOLEI
ASTROLOGEI
IRRLAND
VERDAM-STERDAM
SÜND-SUND
AMEN
Lord-See
EXORZISTHMUS
Wachturm
VERSTOCKHOLM
Bad Heilbrunn
Erbarmen
WUNDERLAND
BETROIT
Helfenstein
SEKTENGE
Dollar-Ashram
ANATHEMA
Ketzbrunn
Alt-Neu-testam-entenhausen
DIAKONIE
Hermanns-würg
Profito-polis
VEREINIGTE GRENZGEBIETE
HÄRESIENA
Hermeneuten
Bettel
Pflicht-Ethik
Nowo-dettel-sibirsk
Scheiter-haufen
Heiligen-stadt
SINCINNATI
LUTHGART
CALWIEN
SATANDEN
SAN KERYGMA
Sonstige D.
lutherische D.
Barthburg
Sozia
Höhlen der Inquisition
Phanta-see
Entmytho-logingen
reformierte D.
Höllen-Schlund
Fegefeuer
freischwebende D.
Exempla-rische Fälle
Praseminarsk
Seminarsk
ALMA MATA
EXEGETISCHE HOCHEBENE
Sperrbezirk
KONZILLERTAL
Moderna
Promotown
Situations-Ethik
BAD SCHOLASTIK
SCHIS MA
Mt. Professor
DOGMATISCHE TAUERN
Mt. Enzyklika
katholische D.
ENTSCHAI DONG
Libe-raalen
14 Heiligen
THEOLOGIEN
Küngston
Orthodox-ford
Aristo-Tell
Mt. Unfehlbar
META PHYSIK
Pannen-berg
Gollwitz-Ufer
Kantzenbach
Trend-dorff
Dogmatik
Filioque
Ethik
Mt. Trans-zendenz
PHILOSOPH. HIMALAYA
Piz Jüngel
THEODI-ZEE
THEORIEMINI
Credeau
Molt-mannheim
Hegel-Massiv
Grenze des Verstandes
ONTOLOGISCHER MEERBUSEN
TRINITAD
Plato-Plateau
Wüste der Entfremdung
Mt. Imma-nenz
Mt. Kant
Dialekt. Kamm
Schopenhauer-Senke
Mont Sartre
Eleison
HALLELUJAVA
Gloriandscharo
Irrlicht
Existentialisten-Pfad
APOKATASTASIS
Kierkegaarden
(bisher unerforscht)
FLIPPINEN

Quellen der Erkenntnis
ROM ist weit
ATHEISMIEN
BAPTISTOWN
TAUF-TEICH
MÖNCHEN
BETBURG
Blasphemmerich
Patenstadt
Ignoranza
St. Laien
NÖNNCHEN
Friedensbrücke
Karikaturien
AGNOSTIEN
ABLASSABONN
Bischofs-winkel
unter kathol. Verwaltung
unter evang. Verwaltung
Ober-
Unter-Gremien
Wall der Unkenntnis
Kirchensteuer
Mt. Fiskus
OBERKIRCHEN
NIEDERUNG DER PRAXIS
CASSA-BLANCA
Klingelbeuten
Predigt-Öde
Homilettland
Synodenwald
Ethik
Ökumene
BÜRO-KROATIEN
GOLF DER RECHTFERTIGUNG
SPENDON CITY
Gebiet der Introitussi
breiter Weg
schmaler Weg
Papst-Pampa
KLERIKALIEN
Kirchenpressburg
KASUALIEN
APOSTOLONA
BUSSFELD
Oblaten
Musikorsk
Letzte Ruhe
Transsubstanz
Konsubstanz
EUCHARISTOWN
Weinberg
San Publizisko
Heilig
Heilig
Heilig
Bach
Zeremonza
Jungfrauen-Insel
SEE DER WANDLUNG
Sakramento
ORGEL-FJORD
GESANGKOK
AGENDEN-BAY
Marienbad
LIEBIEN
KAP MISSION
Traugsburg
Messissippi
BIBEL
Caritas
Liturgisches Meer
Babel
Bubel
FUNDAMENTAL
Ekstasen-Hain
Konkordanzig
Straße der Versöhnung
AKADEMIEN
Ozean des Glaubens
Nadelöhr
INSEL DER SELIGEN
Seligenstadt
Berg der Verklärung
APOKALYPSO-BUCHT
Eschatokio
Übersichtskarte von
KLERIKALIEN
und angrenzenden Gebieten
N
flächentreue Projektion
MASSSTAB 1: 40.000
©Werner Tiki Küstenmacher &
"ACH DU LIEBER HIMMEL"
CLAUDIUS THEOGRAPHISCHER VERLAG MÜNCHEN

Das alte Lied:
Wir wollten das Evangelium bringen –
und betrieben zugleich
gewollt und ungewollt

KULTUR-EXPORT

Hören Sie
Neues von
diesem alten Lied

Industrielle Kultur trifft in der 3. Welt auf Verwunderung . . .

. . . oder auf voreilige Zustimmung.

Auch wenn Technik dem Land liebevoll angepaßt wird . . .

. . . und die Betroffenen eigene Initiativen durchsetzen . . .

. . . bleibt unser Fortschritt auch für kleinste Länder eine Gefahr.

Brüderlich geteilt

– und doch geleimt.
Anspruch und Wirklichkeit
weltlicher und kirchlicher Entwicklungshilfe

Bei der Speisung der 5000 hatte das brüderliche Teilen in einem solchen Maß Erfolg …

wie ihn heute höchstens noch einige Fachleute für möglich halten.

Der heilige Martin wurde schon berühmt wegen eines einzigen zerschnittenen Mantels …

… heutzutage dagegen teilen wir mit der ganzen Welt …

… und sind stolz auf unsere Freigebigkeit

– von uns aus gesehen.

Trotzdem herrscht bei uns noch genug Mißtrauen, was die Verwendung …

… und die Verteilung der Gelder anbelangt.

Dabei haben auch basisnahe Formen des Teilens …

… für die Empfänger nicht nur positive Folgen …

… was für die industrielle Hilfe ganz besonders gilt.

Wem die westliche Art des Teilens gelegentlich ungerecht vorkommt …

… der sollte nicht vergessen, daß Teilen auf Gegenseitigkeit beruht.

»Mir scheint, er hat seine Gemeinde nicht mehr im Griff.«

»Es war sein letzter Wunsch.«

»Worüber predigen!?«

erwachsen und doch ungebildet

Ein Kurzgutachten über Theorie und Praxis kirchlicher Erwachsenenbildung

Der Anfang neuen Lebens ist für viele der Einstieg . . .

. . . in die schillernde Welt der Erwachsenenbildung . . .

. . . die mit aus öffentlichen Geldern finanziert wird . . .

. . . was sie immer wieder für neue Interessenten attraktiv macht.

Hinter den Kulissen ist das Herz dieser Arbeit die hohe Kunst, . . .

. . . aus Veranstaltungen aller Art förderungswürdige Bildungsveranstaltungen zu machen, . . .

. . . Etats lückenlos auszuschöpfen . . .

. . . und neue Zielgruppen zu erschließen.

Neben der Ausbildung der Ausbilder . . .

. . . sind die Akademien die Krone kirchlicher Bildungsarbeit.

Probleme bleiben der schonende Umgang mit den treuen Dauerteilnehmern . . .

. . . die Suche nach dem spezifisch Christlichen . . .

. . . und die Frage, wie die vielen Bildungsaktivitäten ins Gemeindeleben integriert werden können.

Im Dienst des Höchsten

Festangestellt bei Gottes Bodenpersonal:
Eine Untersuchung von unserem kirchlich festangestellten Mitarbeiter

Bereits durch die ersten Christen wurde eine Fülle von neuen Berufen geschaffen, . . .

. . . wozu im Laufe der Zeit noch eine Reihe Saisonarbeiter kam.

Einzelne kirchliche Berufe erlangten sogar Weltruhm . . .

. . . und genießen bei fast jedermann hohes Ansehen.

In der heutigen Zeit . . .

. . . gilt die Kirche zunehmend als zukunftssicherer Arbeitgeber.

Zumal bei einigen wenige Posten
großer Personalmangel herrscht.

An alle kirchlichen Berufe werden hohe
Anforderungen gestellt . . .

. . . besonders, wenn der Dienstherr ein
Pfarrer ist, . . .

. . . der von seinen Untergebenen genaue
Vorstellungen hat.

Der Arbeitsplatz Kirche verspricht oft
ein interessantes Betriebsklima, . . .

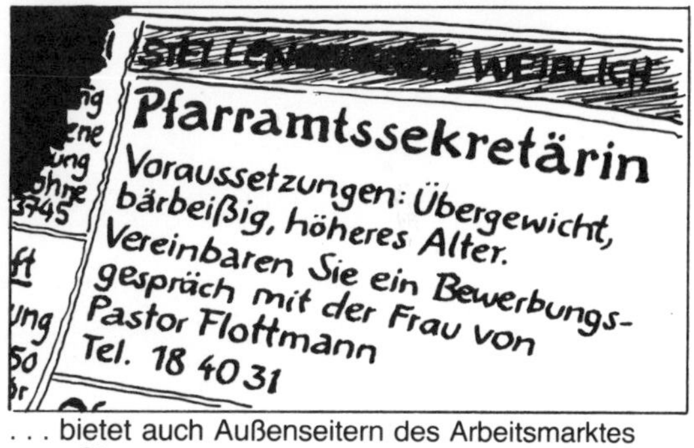

. . . bietet auch Außenseitern des Arbeitsmarktes
gute Chancen . . .

. . . und verschafft engagierten Mitarbeitern
ein hohes Maß an Befriedigung.

Allerdings: In irdischen Dingen gibt es auch
beim himmlischen Arbeitgeber gewisse Tabus.

»Sie arbeitet bei der Telefonseelsorge.«

»Und alles begann mit einem Senfkorn.«

»Ein Christenmensch ist ein freier Herr über alle Dinge und niemand untertan. Ein Christenmensch ist ein dienstbarer Knecht aller Dinge und jedermann untertan.«

Martin Luther

Geteilte Leitung – halbe Leitung

Von Freud und Leid der kirchlichen Demokratie in Kirchenvorständen, Kirchengemeinderäten und wie sie immer heißen mögen.

Dankenswerterweise sind immer wieder Menschen bereit …

… die hohen Anforderungen an ehrenamtliche Gemeindeleiter zu erfüllen.

Politische Praktiken können bei der Wahl selbst nur bedingt als Vorbild dienen.

In der ersten Sitzung nach der Wahl werden eventuelle Kirchenvorstandsneulinge …

… mit den Hilfsmitteln ihrer Arbeit vertraut gemacht.

Sie erfahren ihre wichtigsten Kompetenzen: Entscheidungen über neue Pfarrer …

… und die Verantwortung für die Kirchenfinanzen, …

… die wie allerorten in diesem unserem Lande eher abnehmen …

… was möglicherweise sogar auf die Zusammensetzung des Kirchenvorstands Einfluß hat.

Die Mitglieder werden über den weisen Aufbau ihres Gremiums informiert, …

… man ermutigt sie, bei der Suche nach ehrenamtlichen Mitarbeitern mitzuhelfen …

… und die vertrauensbildenden Maßnahmen für den Kontakt mit der Jugend mitzutragen.

Kurzum: Demokratische Leitungsarbeit ist eine feine Sache für alle.

BRUDER COMPUTER

*Fragen, Fragen, Fragen:
Wie wird sich die Mikroelektronik
in der Kirche bemerkbar machen?*

Wird es eines Tages maschinenlesbare Christen geben?

Werden die Pfarrer für ihren geistlichen Auftrag davon profitieren?

Kann auf dem beständig wachsenden Gebiet der Seelsorge . . .

. . . der Computer Entlastung bringen?

Wird er den Personalstand verringern?

Bringt er der wissenschaftlichen Theologie neue Impulse?

Bringt ein Datennetz wie Bildschirmtext etwas für den einzelnen Christen?

Machen wirklich nur die Videospiele aggressiv?

Oder wird es auch christliche Bildschirmspiele geben?

Werden Computer Pflichten haben wie ein normaler Christ?

Vielleicht bekommen Jugendliche auf diesem Weg Kontakt mit dem Wort Gottes . . .

. . . bevor das auf andere Weise geschieht.

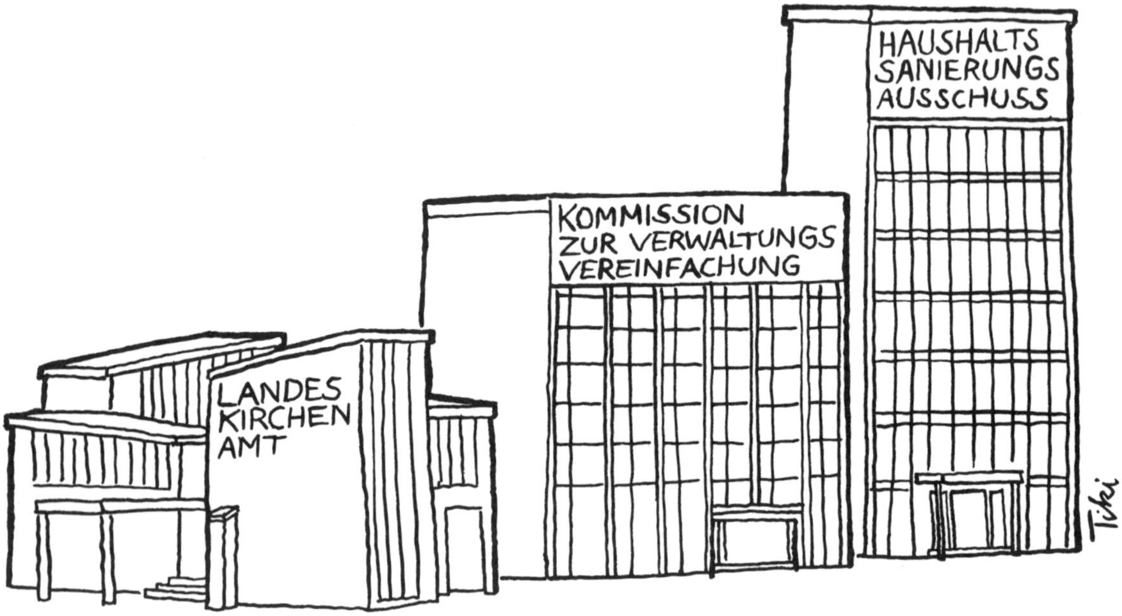

»Und außerdem, liebe Gemeinde: Wenn es keinen Gott gäbe, wozu wäre dann euer Pfarrer da?!«

»Worüber predigen?!«

Die Sorgen und Freuden der Kirche in Mark und Pfennig, bilanziert, addiert und multipliziert

Die traditionsreichen bürgernahen und handfesten Formen kirchlicher Geldbeschaffung . . .

. . . werden immer mehr von anonymen modernen Techniken verdrängt.

Es ist natürlich nicht wahr, daß das Geld die Kirche steuert . . .

. . . dennoch spielt es im Reich Gottes eine wichtige Rolle.

Die meisten »Besserverdienenden« streichen ihre Zahlungen an die Kirche . . .

. . . ohne daß sie deswegen alle den kirchlichen Service verschmähen.

Das zwingt die Verantwortlichen zu Phantasie . . .

. . . größter Kundenfreundlichkeit . . .

. . . und natürlich zu Sparsamkeit, vor allem im Personalbereich . . .

. . . wobei auch hier die Mikroelektronik hilft.

Kürzungen im Bauwesen sind schon lange üblich . . .

. . . und ein Pfarrbüro kann auch mit wenig Geld modernisiert werden.

Im übrigen spart ja auch der Staat, wo er kann . . .

. . . und Spekulationen über sagenhafte Kirchenschätze sind bloß moderne Märchen.

ANZEIGE

ICH LESE DIE BIBEL...

Variationen zu einem bekannten Thema
und einem noch bekannteren Buch

...WEIL ICH DEN PFARRERN NICHT ALLES GLAUBE
Der 7. von allen.
...WEIL ES GOTT SEI DANK WELTBIBELSTIFTUNG GIBT
Der 8. von allen.
...WEIL ICH MIR NIX ANDRES LEISTEN KANN
Der 9. von allen.
...WEIL SIE MIR ALLES BEDEUTET
Der 10. von allen.
...HAJAA, WÄILS ÄBA IN MOINR HOIMATSCHPRACH NOOSCHTANDE DUET
Die 11. von allen.
...WEIL SIE MICH VIELLEICHT RETTET
Der 12. von allen.
...WEIL ICH MICH JEDEN TAG AUFS NEUE BEKEHREN MUSS
Der 13. von allen.
...WEIL ICH SIE MAG
Der 14. von allen.
Tiki

MARKT DER MÖGLICH-KEITEN

Tiki

SEI EIN CHRIST UND ZEIGE ES

Bekennermut und Lippenbekenntnisse im christlichen und weltlichen Alltag

Der eine versucht's mit großformatiger Werbung . . .

. . . der andere mit kleinen Gesten wie etwa dem Tischgebet.

In jedem Beruf gibt es Möglichkeiten . . .

. . . für zwanglose Zeugnisse des eigenen Glaubens.

Neidisch blickt mancher auf die optisch eindrucksvollen anderen Religionen . . .

. . . die freilich vor Mißverständnissen nicht gefeit sind.

Ärger kann es allerdings mit jeder Art von öffentlichem Bekenntnis geben.

Das gilt besonders für die Kleidung . . .

. . . und das äußere Erscheinungsbild insgesamt.

Trotzdem: Es ist hilfreich, wenn man sich zu seiner Überzeugung bekennt . . .

. . . auch wenn viele mißtrauisch bleiben.

Und weil der Kern des christlichen Glaubens eine gute Nachricht ist . . .

. . . bleibt die beste Form von christlichem Bekenntnis: Gutes tun – und fröhlich sein.

»Ach was, Sie dramatisieren die Probleme Ihres Landes. Sie müssen das nur mal aus unserer Perspektive sehen!«

Tiki

ALTERSERSCHEINUNGEN

zusammengetragen von unserem jungen Mitarbeiter

Moses und die Patriarchen waren berühmt für ihr biblisches Alter.

Unsere Zeit ist berühmt für die steigende Lebenserwartung . . .

. . . für ein immer teurer werdendes System von Altenheimen . . .

. . . und für sprachliche Zurückhaltung gegenüber den Schwächen des Alters.

Doch gerade wer das Altwerden zu leicht nimmt . . .

. . . ist vor dem Altersschock nicht gefeit.

Auch wer auf der Höhe seiner Leistungskraft die Kirche fast vergessen hatte . . .

. . . kann auf seine alten Tage dort ein Stammgast werden . . .

. . . wenn es die Kirche auch schwer hat, allen Altersstufen gerecht zu werden.

Auch Träume und Idole hat man nicht nur mit 17 . . .

. . . sondern auch mit 70.

Daß lustige Witwen ihre Männer vergäßen, ist übrigens ebenso ein Vorurteil . . .

. . . wie die Meinung, daß alte Menschen nicht mehr gebraucht würden.

Hier baut der
VERBAND DER
KIRCHENSTEUER-
FEINDE e.V.
sein neues
Verwaltungszentrum.
ENDE

HIMMLISCHE BILDERBÖGEN über Gottes Bodenpersonal
Eingeleitet von Pfarrer Adolf Sommerauer

Über 250 Karikaturen auf 56 Seiten, vierfarbiger Umschlag, 17 x 23 cm, DM 11,80

Der erfolgreiche Vorgänger von »Ach du lieber Himmel«. Mit feinem Strich werden hier die kleinen Schwächen der Kirche und ihrer Kunden aufs Korn genommen. Vor allem die heiklen Zonen des religiösen Lebens werden nicht ausgespart. »Ein Glücksfall für die lachende Kirche« fand die Zeitung Weg+Wahrheit; der »Buchhändler heute« nannte es »eine wunderschöne Satire«.

GEISTLICHE HÖHENFLÜGE
Der himmlischen Bilderbögen dritter Teil

Über 250 Karikaturen auf 64 Seiten, vierfarbiger Umschlag, 17 x 23 cm, DM 11,80

Die Themen: Der Duft der großen weiten Christenheit – Wenn die Pfaffen Frieden schaffen – Bibel-People – Störe meine Hauskreise nicht – Traum und Alptraum Ökumene – Christsein im Fernsehalltag – Predien mit Medien – Heilige Geistesblitze – Sonderpfarrer, die noch fehlen – Das Schiff, das sich Gemeinde nennt (als Schnittmodell mit 1000 Details) und vieles mehr.

EWIGE JAGDGRÜNDE
Himmlisch weltliche Bilderbögen Nr. 4

Über 250 Karikaturen auf 64 Seiten, fünffarbiger Umschlag, 17 x 23 cm, DM 11,80

Mit liebevoll piksender Zeichenfeder war Tiki auf der Pirsch im kirchlichen Blätterwald. Die professionellen Seelenjäger beider Konfessionen, aber auch die Weltkinder bekommen so manchen prächtigen (Zeichen-)Blattschuß ab. Endlich liegt der lang erwartete vierte Karikaturenband vor.

KÜSTENMACHERS KARIKATURENKALENDER

372 (!) Blatt in vielen Farben, kunterbuntes Titelblatt, 15 x 7 x 3 cm, 300 g schwer, DM 16,80

Der einzige christliche, witzige und durchgehend illustrierte Kalender auf dem Weltmarkt mit so vielen Bildern, wie das Jahr Tage hat. Seit sechzehn Jahren hat er zigtausend von begeisterten Kunden. Denn er enthält neben über 80 wichtigen bis merkwürdigen Gedenktagen und sämtlichen christlichen Feiertagen (auch den ausgefallensten): jedes Wochenende den illustrierten Predigttext vom Sonntag, haarsträubende Bauernregeln, jeden Sonntag Kirchi, das wandelnde Gotteshaus in allerlei Gestalt, die Serie »alternative Formulare«, Minizeichentrickfilme, April- und andere Scherze, das sprechende Klingelbeutelchen, winzige Bastelbögen und und und.

KÜSTENMACHERS BIBEL-BILDER-RATE-BÜCHER

WO IST DER VERLORENE SOHN?

TATORT BIBEL

DAS GEHEIMNIS AM ÖLBERG

jeweils 48 Seiten, im praktischen Querformat
von 12 x 17 cm, DM 5,90,
ISBN 3-532-62020-0 / 3-532-62048-0 / 3-532-62082-0

Wer eine Bibel hat, für den gibt es in den Bibel-Bilder-Rate-Büchern keine Geheimnisse, denn (fast) jedes Rätsel läßt sich mit einem Blick in die Heilige Schrift lösen. Und Bibelkenner werden das meiste auch aus dem Kopf schaffen. Ein ideales Geschenk für Kindergottesdienst-, Paten- oder Geburtstagskinder und andere fröhliche Menschen.

KÜSTENMACHERS KINDERGOTTESDIENST-POSTER

ISRAELKARTE

1 Satz enthält 10 Israelkarten DIN A 2 Hochformat mit 10 x 56 vorgestanzten selbst-klebenden Bildern und kostet DM 25,80 pro Satz, ISBN 3-583-50801-7

ARCHE NOAH BASTELBOGEN

1 Set enthält 10 Bastelbögen im Format DIN A 2, 10 x 52 Aufsteller mit je zwei Tieren perforiert zum Abreißen, DM 25,80, ISBN 3-583-50802-5

DAS KIRCHENJAHR

1 Satz enthält 10 Kirchenjahrposter DIN A 2 mit 10 x 56 vorgestanzten Haftetiketten zum Abreißen. Es kostet DM 25,80 pro Satz, ISBN 3-583-50803-3

DIE BIBELBURG

1 Satz enthält 10 Poster DIN A 2, 10 x 54 vorgestanzte Haftetiketten zum Abreißen, dazu eine Kurzanleitung und kostet DM 25,80 pro Satz, ISBN 3-583-50804-1

NEU!
KIRCHIS UMWELTPOSTER
Schöpfung schützen – Tips für Kinder

Jedes Set enthält: 10 Poster DIN A 2, 10 Bögen mit je 12 Aufklebern (keine Plastikfolie, sondern Papier) und kostet DM 27,80, ISBN 3-583-50805-X

Das neue Küstenmacher-Poster für den wichtigen Bereich Umwelterziehung mit lustigen, stets konstruktiven Tips von Kirchi. Die Aufkleber können als nützliche Erinnerungsschilder im Haushalt Verwendung finden: »Hier nur (unzerknülltes!) Altpapier«, »Hier gibt's eine Wasserspartaste« und viele mehr.